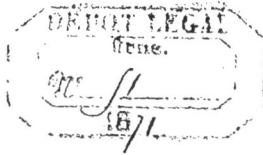

LES

DERNIERS JOURS

D E

METZ

Alençon.—E. De Broise.—Juin 1871

LES
DERNIERS JOURS

DE

METZ

PAR

Le Colonel L. ROSSEL

DÉLÉGUÉ A LA DÉFENSE

DE LA COMMUNE DE PARIS

FRANCE ET BELGIQUE

CHEZ TOUS LES LIBRAIRES

—

1871

AVERTISSEMENT

Le colonel Rossel a donné, en novembre dernier, au journal l'Indépendance belge, *deux articles, anonymes,* sur le siège de Metz.

Nous avons réimprimé le premier sous le titre de la Capitulation de Metz.

Voici le second. C'est le récit des efforts inutiles faits par les officiers patriotes pour organiser une sortie désespérée sous les ordres du général Clinchant.

LES DERNIERS JOURS DE METZ

La vérité se fera petit à petit sur la défense de Metz par Bazaine, défense si vantée par les Prussiens qui ne peuvent pas croire qu'ils ont vaincu sans péril.

Depuis le premier jour jusqu'au dernier, cette défense a été insuffisante, entachée d'impéritie, de lâcheté, et enfin de trahison.

On défend une place par des actions de vigueur, et depuis le 1er septembre, Bazaine n'a pas permis autre chose que l'escarmouche de Peltre et les combats stériles de Ladonchamps.

Jusqu'au 1er octobre, l'armée de Bazaine pouvait vaincre l'armée ennemie; jusqu'à la fin, elle aurait pu s'ouvrir un chemin par une entreprise aventureuse et rapide. Le dernier jour enfin, c'était le devoir étroit des chefs de l'armée de détruire les fortifications, les munitions et le matériel de guerre.

On savait tout cela, on savait qu'on était trahi, mais personne ne voulait s'engager dans l'aventure d'une révolution militaire ou d'un mouvement politique.

Le 26, les yeux commencèrent à se dessiller : ce n'était plus ni la paix, ni une convention, ni une régence dont il s'agissait, mais une vraie capitulation, une reddition complète. On était un peu animé ; les incrédules de la veille disaient : « Si j'avais su ! si on me l'avait dit ! si nous avions eu le temps ! » enfin toutes les disjonctives qui servent d'excuses à l'infortune et à l'ignorance.

C'est au cercle de l'Hôtel du Nord, où se réunissait de préférence le parti libéral, qu'eut lieu la première manifestation contre la capitulation de Bazaine, à l'instigation d'un capitaine de carabiniers, décoré et portant la croix de Mentana. Paraissant au cercle pour la première fois, il se jette au milieu des groupes agités, composés surtout de journalistes et d'officiers de la garde nationale : « Il ne faut pas se rendre ! » crie-t-il d'une voix énergique et tremblante d'émotion. « Trente mille hommes se réuniront pour chercher à se faire jour ; ils périront peut-être, mais n'importe ! Les officiers prendront un fusil et feront le coup de feu. Ne fût-on que huit ou dix, j'en serai ! Il ne faut pas se rendre ! »

Chacun s'émeut, les vieux joueurs de domino se retournent pour lui serrer la main, le capitaine s'anime de plus en plus.

« Moi, dit un commandant de la garde nationale, je fais battre le rappel dans mon bataillon demain à six heures ! — Pourquoi pas tout de suite ? cria le carabinier. Qu'on batte le rappel, qu'on sonne le tocsin ; aux armes, aux armes ! » Et il jette sa croix d'honneur sur la table.

Voyant que la chose devenait sérieuse, les gens prudents peu à peu s'esquivèrent ; il y avait au cercle quatre sur cinq des chefs de bataillon de la garde nationale, on les entoura en leur demandant de marcher.

L'un fit le sourd et disparut, les trois autres, pressés de

choisir un chef et de donner des ordres, restaient embar-
rassés et irrésolus, et finirent par s'enfermer dans un salon
voisin, pendant que le carabinier, arrivé au dernier terme
de l'exaltation, poursuivait ses déclamations énervantes, et
demandait son cheval, ses armes, son revolver !!!

Le malheur fut, en cette circonstance, que celui des chefs
de bataillon qui était désigné comme le *leader* du parti libéral à Metz, comme le seul capable de conduire la garde
nationale, manquât et de confiance dans cette garde et d'un
caractère capable de grandes résolutions.

Après être restés à délibérer beaucoup plus longtemps que
ne le comportait l'urgence de la situation, les trois chefs de
bataillon déclarèrent qu'il n'y avait rien à faire.

Sur quoi chacun s'en fut coucher.

Le 27, je fus éveillé par un de mes plus anciens camara-
rades, lieutenant au 76e, que j'avais vu en ville blessé, et qui
avait rejoint son corps à Montigny. Il ne me dit pas d'abord
pourquoi il venait, mais je le vis tout de suite, et lui deman-
dai sur combien d'hommes de son régiment on pouvait compter pour se battre. « Trois ou quatre par compagnie. — Et
les officiers? — Les officiers à proportion, une douzaine : on
pourrait peut-être former dans le régiment un peloton de
60 hommes, mais la moitié lâcheront pied à la fusillade.
L'influence des officiers supérieurs démoralise tout. »

« Tu conçois, ajouta-t-il pour m'expliquer cette démoralisa-
tion étrange, qu'on a fait depuis huit jours tout ce qu'on a
pu faire pour prouver à ces gens que tout est fini, qu'il n'y
a plus moyen de se battre. Ceux qui marcheront se croiront
sacrifiés. Tu sais l'influence des officiers supérieurs ; eh bien!
il faut l'avouer, on n'est pas fâché de se dire : « Ma foi, j'irai
en Prusse, je ne courrai plus aucun danger. » L'autre jour
notre colonel nous a réunis et nous a parlé de l'impératrice,

de prendre patience. On dit que cela a réussi sur la garde, mais sur nous pas du tout : une fois dehors nous sommes-nous dit, il ne faut pas qu'il compte sur nous pour rétablir l'empire. Alors nous n'avons parlé aux soldats ni d'empereur, ni d'impératrice, mais nous leur avons dit : Vous avez encore cinq ou six jours à souffrir, nous n'avons de vivres que pour deux jours, mais nous vous ferons vivre comme nous pourrons. Et nous l'avons fait ; mais les six jours sont passés. »

A neuf heures, je rencontrai dans la rue le capitaine du génie de R..., attaché à la personne de Coffinières et qui dès le début avait su juger les événements avec l'implacable netteté d'un sceptique éclairé. Je lui avais écrit le matin pour qu'il pressât Coffinières de démanteler la place avant de la rendre ; il vint à moi : « J'en ai déjà parlé, et V... aussi (le commandant V... est un ingénieur et un théoricien militaire d'une haute autorité) ; il répond qu'il faut attendre, qu'on négocie des conditions, et puis il rompt les chiens. Je lui en reparlerai. — Dites-lui bien, repris-je, qu'il nous trouvera prêts à obéir ; nous y avons déjà songé ; cela peut se faire vite, et sans aucun danger. — Je lui reparlerai, je lui répéterai ce que nous lui avons dit : chaque jour est pour nous une bataille perdue, et perdue sans pertes pour l'ennemi. Puisque nous nous rendons à discrétion, qu'avons-nous à craindre ? Nous avons à craindre qu'on nous fusille ; et quand on nous fusillerait ! »

On comprend facilement l'importance qu'il y avait pour la défense du pays à détruire les fortifications de la place et du camp retranché. On privait ainsi l'ennemi d'un point d'appui presque imprenable, au cœur même de la France ; on lui enlevait les arsenaux, les usines militaires de Metz, les locaux nécessaires pour loger une nombreuse garnison et concentrer les approvisionnements de son armée. Enfin l'exécution de cette entreprise était, pour les Prussiens, un petit désastre de Moscou, mais sans danger pour les habitants ni pour les propriétés particulières ; la science du mineur donne les procédés et les charges de poudre à employer dans de semblables entreprises, et montre qu'on aurait pu ruiner les forts, les écluses, l'enceinte et les bâtiments militaires, sans autre dommage que de casser quelques vitres.

La ville elle-même, riche, industrieuse, ne demandant qu'à s'étendre, aurait gagné à être débarrassée de cette enceinte qui l'étouffe, gêne les communications, rejette les faubourgs à de grandes distances, et constitue un péril pour les habitants.

Enfin dans le cas d'un retour de fortune, il faut considérer que les Français seraient obligés d'assiéger la ville et de faire de nouveau souffrir aux habitants autant et plus que les Prussiens leur ont déjà fait souffrir.

Malheureusement, l'homme qui aurait eu commission et autorité pour faire accepter à Coffinières cette combinaison, le défenseur et le gardien-né de la fortification de Metz, le commandant du génie de la place, ne songeait, lui non plus, à rien moins qu'aux actes désespérés.

On ne put rien obtenir pour faire sauter les fortifications. Les commandants des forts, quoique braves et résolus, avaient témoigné la ferme résolution de s'en tenir à l'obéissance pure et simple.

Tout ce qu'on put faire fut de signer une protestation dont le commandant Villenoisy prit l'initiative.

A midi, le hasard me conduisit au café, où j'appris qu'il y avait dans la salle même, à une heure, une réunion d'officiers, provoquée par le général Clinchant et le colonel Boissonnet. Une soixantaine d'officiers s'y trouvèrent, presque tous du génie, quelques-uns de la garnison, et très-peu de l'armée.

Le colonel Boissonnet y parut, mais le général Clinchant attendit le résultat dans la ville.

J'ai déjà parlé du général Clinchant, ancien colonel de zouaves au Mexique; il commandait une brigade de Mexicains, le 81e et le 95e. Il se distinguait par sa simplicité, de la bravoure, et un grand éloignement pour ce confortable luxueux avec lequel presque tous nos chefs insultaient la pénurie du soldat.

Comment est-il devenu l'homme indécis qui n'a rien fait et n'a rien voulu faire ?

Boissonnet, colonel du génie, est un esprit très-fin, bienveillant, éclairé. Dès le début, il avait jugé nos chefs, et ne s'était vengé de leur coupable négligence que par quelques plaisanteries. Enfin la capitulation lui parut trop dure à avaler.

Une fois qu'il nous eut réunis autour de lui, il prit la parole : il parla de l'ignominie des conditions qu'on nous imposait, et déclara qu'il nous avait réunis afin que ceux qui ne voulaient pas subir cette honte pussent se compter et s'entendre. Pour les troupes du génie en particulier, il s'offrait à commander ceux qui voudraient partir. Il ajouta qu'on s'était adressé à plusieurs généraux, et que, jusqu'à présent, le général Clinchant acceptait seul un tel commandement, pourvu que l'on réunît 15 à 20,000 hommes. Il demanda enfin qu'on se comptât.

C'est alors qu'on s'aperçut que les officiers présents ne représentaient même pas un vingtième de l'armée, et on décida que le lendemain matin, après avoir prévenu autant de monde que possible, on se rendrait dans un local isolé des bureaux du génie, pour y concentrer les renseignements et s'organiser.

A l'heure convenue, on ne vit ni Clinchant, ni Boissonnet;

seulement un officier, plus convaincu sans doute que les autres, s'installa devant la table avec deux cahiers de papier blanc qu'il avait préparés dans la nuit en forme de répertoires, pour noter les effectifs, les positions, les mouvements et les chefs de troupes qui se rallieraient.

A la même table se plaça un élève de l'Ecole polytechnique, avec une grande carte du camp retranché, pour y pointer la position des mêmes troupes.

La besogne abondait : les officiers de la veille apportaient des renseignements; d'autres, en foule, arrivaient de l'armée; des colonels avaient envoyé leurs adjudants-majors. Les uns se faisaient inscrire, et promettaient un effectif; les autres marcheraient seuls, avec un fusil ou un cheval; beaucoup demandaient des renseignements, des explications; on leur en donnait.

Vers neuf heures, l'aide-de-camp de Clinchant demanda s'il y avait du nouveau. « Rien, lui dit-on ; tout s'organise, mais bien des corps ne sont pas prévenus. »

Il promit qu'à une heure après midi son général viendrait se faire rendre compte du résultat obtenu, et qu'à deux heures il verrait les officiers et leur parlerait.

Vers dix heures, il y avait environ 5,600 hommes inscrits, et beaucoup d'officiers isolés; on nous promettait, de plus, six mitrailleuses.

A une heure, les officiers remplissaient le bureau et la cour.

Clinchant ne parut pas.

On continua d'inscrire, puis comme le temps pressait, on donna aux plus dévoués quelques indications de mouvements. Le temps pressait, dis-je, car nous apprenions qu'on rendait les armes. « Ce matin, quand je suis rentré au camp, nos mitrailleuses avaient été ramenées à l'arsenal. — On désarme le 4ᵉ corps. — On porte à l'arsenal les fusils et les drapeaux. »

Ces nouvelles rendaient l'animation plus grande.

« On nous a dit qu'il y avait un général, criait-on, où est-il, pour qu'il nous commande? »

Trois cents officiers peut-être étaient réunis.

Vers deux heures, Boissonnet arrive: « Il n'y a, dit-il tout bas, plus rien à faire. — Alors nous agirons sans vous, si nous pouvons. Pourquoi nous avez-vous réunis hier? »

Les officiers se groupent, on forme un cercle; le colonel répète en balbutiant qu'il n'y a rien à faire, qu'on rend les armes, que tout est fini. La séance devient tumultueuse, on parle d'aller à l'arsenal reprendre les drapeaux, on parle d'aller exécuter Bazaine.

Tout à coup surgit au milieu de la foule le même carabinier que j'avais vu au cercle l'avant-veille, toujours aussi animé, et toujours aussi brouillon; sa voix domine la tempête: « Le rappel! le tocsin! aux armes! aux armes! »

Enfin, après une délibération incohérente, un commandant d'état-major, M. Leperche, convoque pour neuf heures du soir, sur la route de Saarbruck, ceux qui voulaient absolument partir, entreprise désespérée et aventureuse, qui n'était en somme qu'une courageuse et inutile protestation.

Telle fut la fin de notre dernière tentative pour sauver l'honneur des armes françaises.

Je rentrai en ville en passant par la rue des Clercs, et en entrant de l'Esplanade dans cette rue, je croisai le général Clinchant.

Il vint à moi: « Eh bien! dit-il, cela n'a pas réussi. —Non, mon général, répondis-je; ceux qui nous avaient engagés nous ont abandonnés. — Et qui donc ? — Mais, mon général, vous-même. — Moi? Mais pas du tout, j'attendais chez le capitaine Chéry. D'ailleurs il n'y avait que 4,000 hommes. — Oui, le matin, quand personne n'était prévenu, mais ce soir vous en auriez eu 20,000; ils étaient là trois cents officiers qui demandaient leur chef, et ce chef ne s'est pas montré. Vous n'aviez qu'à vous faire voir, l'armée vous tombait dans la main. »

Je le quittai, j'ai su depuis qu'il avait été sermonné le matin par Bazaine. Un autre motif certainement l'a empêché d'affronter un réunion d'officiers : c'est que le général, tel que je le connais, doit redouter une assemblée publique plus qu'une volée de mitraille, et se sent beaucoup plus soldat qu'orateur ; mais il y a des moments dans la vie où il faut être orateur, quoi qu'il en coûte, et je réponds bien que le public aurait été indulgent pour l'expression.

La ville était très-animée.

La Mute, l'immense cloche de la cathédrale, sonnait le tocsin par volées.

Des gardes nationaux, l'arme au pied, formaient un cordon devant les portes de la cathédrale ; à côté d'eux, des détachements du 2ᵉ de ligne étaient censés maintenir l'ordre, mais assurément aucun n'aurait marché contre le peuple.

Au milieu de cette même place, un groupe chantait *la Marseillaise* et brandissait un drapeau tricolore. Les hommes avaient des chassepots arrachés aux soldats qui les rendaient à l'arsenal; le porte-drapeau avait une redingote usée et cette barbe longue et inculte qui est l'indice de la pure démocratie.

Je crus reconnaître aussi à la tête du même groupe le violent carabinier qui m'avait déjà harangué deux fois.

J'entrai, sur l'autre place, dans le baraquement du 2ᵉ de

ligne, pour réclamer à un officier des cartouches qu'il m'avait promises. Les sous-officiers m'en donnèrent; ces braves gens faisaient encore les apprêts pour marcher à l'ennemi : « Toi qui ne pars pas, donne tes cartouches, » dirent-ils à un homme malingre qui était au fond du lit de camp.

C'est là aussi que je rencontrai, sous sa capote de caporal du génie, triste, amaigri par la faim (car le pauvre garçon avait eu faim), M. S..., ingénieur de la maison Cail, engagé volontaire pour la guerre. Il courut à moi : « Ah! mon capitaine, mon capitaine! » Et, sans pouvoir parler davantage, il me serra les mains en sanglottant. Il pleurait comme un pauvre enfant; je cherchai à le calmer un peu, et je l'envoyai mettre ses effets bourgeois, avec lesquels il était arrivé à Metz deux mois auparavant.

Je ne sais pas ce qu'il advint du commandant Leperche et de ses compagnons. On m'a dit qu'ils étaient partis à dix heures dans la direction des lignes ennemies, au nombre de 37, presque tous officiers et armés de fusils et de revolvers. Ils avaient marché en se glissant le long des haies, et jusqu'à une heure du matin on n'entendit pas un seul coup de fusil. On en concluait qu'ils avaient réussi à passer, ce que je souhaite (1). Sans doute d'autres entreprises analogues ont eu lieu dans différentes directions.

(1) C'est au même commandant Leperche, major de tranchée de l'armée de Versailles, que le colonel Rossel écrivait le 30 avril :

« Mon cher camarade,

« La prochaine fois que vous vous permettrez de nous envoyer une sommation aussi insolente que votre lettre autographe d'hier, je ferai fusiller votre parlementaire, conformément aux usages de la guerre.

» Votre dévoué camarade,

» ROSSEL »

A 6 heures, des grenadiers et des zouaves de la garde étaient entrés en la ville; ils firent des patrouilles toute la nuit pour maintenir l'ordre. On connaissait alors l'ordre impudent où Bazaine ose se comparer à Masséna; il y eut encore quelque agitation informe: « les convulsions de l'agonie » me dit un observateur désintéressé.

Le lendemain 29, qui était un samedi, il n'y avait plus d'armée.

J'aimai mieux être fugitif que prisonnier, et je partis sans attendre que les Prussiens fussent entrés dans la ville.

Alençon.—E. De Broise. — Juin 1871

7

www.ingramcontent.com/pod-product-compliance
Lightning Source LLC
Chambersburg PA
CBHW061815040426
42447CB00011B/2658